AF547875

Romy Petrick

Persischer Gedichte-Garten

Lyrische Impressionen einer Iran-Reise

DONATUS

Bibliografische Information der Deutschen Nationalbibliothek:
Die Deutsche Nationalbibliothek verzeichnet diese Publikation in der Deutschen Nationalbibliografie; detaillierte bibliografische Daten sind im Internet über www.dnb.de abrufbar.

Impressum

Herausgeber: Romy Petrick
Abbildungen: Romy Petrick & Matthias Donath
Umschlag: spitzenton.design
Verlag: Donatus-Verlag, Niederjahna
Herstellung: Books on demand, BOD Norderstedt
ISBN: 978-3-946710-29-5

Inhaltsverzeichnis

Lyrische Ströme

Dankend öffne ich die Hände,
Worte fallen leicht hinein,
streicheln ihres Klagens Wände,
wollen tanzend Lyrik sein.

Und Du lächelst mir entgegen,
streng verborgen stets Dein Blick,
keine Hemmung und kein Segen
hältst Du, Sanfte, mir zurück.

Und ich lasse Worte regnen
in mein kleines Buch so leer,
wollen uns im Geist begegnen,
fließen all` ins ew`ge Meer.

Meybod

Persische Weisheit

O teure Erde, teurer Sand,
o selig Reich, so stark verkannt.
Wir gleiten sanft durch Deine Wüsten
und müssen uns`ren Hochmuth büßen –
hier schlägt das Herz der Menschheit gar,
und wir – wir witterten Gefahr.

Sah`n nur der Mullahs Strafgericht,
und Deine Schönheit sah`n wir nicht.
Nun atmen wir den einst`gen Glanz,
die Herrlichkeit, die Toleranz,
von alter Lehre tiefem Brauch –
o schenk uns diese Weisheit auch.

Touristen in Persien

Alte Menschen pilgern selig
selbstvergessen durch das Land,
wollen spüren, wollen sehen,
was ihr Herz noch nicht erkannt.

Und der Wüste Sprache zeiget
den Zerfallenden den Sinn,
alles wird im Wind verwehen,
jeder Schmerz zerrinnt.

Auch die jungen wollen`s fühlen
mit dem Rucksack Stück für Stück,
atmen Dreck und heiße Wüste,
lassen Plastikmüll zurück.

Berg der Götter - Bisotun

Dunkler Berg, an Deinem Fuße
atme ich die Ewigkeit,
schwelg` berauscht in meiner Muße,
alle Kunst – Vergänglichkeit.

Und mein Haupt so schwer, so träge,
heb` ich hoch zu Dir empor,
längst vergessen alte Schläge,
Wüstenrauschen dringt ans Ohr.

Möchte saugen, möchte fühlen
längst vergang`ner Zeiten Kraft,
niemand hört mein leises Klagen,
alle pred`gen Wissenschaft.

Doch in mir schreit laut ein Feuer
nach verlor`ner Ewigkeit,
nach der Seele Abenteuer,
nach des Sinn`s Wahrhaftigkeit.

Urmia

Weiße Nebel schweben mystisch
über einem Hauch von Tod,
alles Leben ist verschwunden,
Deine Wasser glänzten rot.

Salz erstarrt zu toter Erde,
Boote schweigen plastikstumm,
einsam sinkt die Sonne nieder,
Menschheit, kehre endlich um.

Sanandadsch

Wachsende Wüstenstädte

Die Menschheit frisst sich in die Wüsten,
das pralle Leben pflanzt sich fort,
und wächst und saugt an Gottes Brüsten,
die Götter leben andernorts.

Und dunkle Ahnung trifft den Dichter,
der stumm das Treiben wachsen sieht,
kein Wille macht das Leben lichter,
nirgends hört man mehr ein Lied.

Tacht-e-Suleiman

Heiliger Krater

Weite Wasser ziehen magisch
jeden Blick ins dunkle Nass,
schimmernd rufen Deine Quellen,
Himmel schweigen fahl und blass.

Was wohl am Grunde Deines Schoßes
für Welten warten auf den Tor,
der sich versucht, in Dir zu finden –
was einst auf Erden er verlor.

Abarkuh

Eisturm

Kalt ist mir und kalt mein Sinn,
in mir schmilzt das Eis dahin,
zweitausend Jahre stehe ich schon,
luftige Kühle der Menschen Lohn.

Märtyrer hängen an Säulen stumm,
eisige Kälte brachte sie um,
gefrorene Herzen zu Eis erstarrt,
im heißen Wüstensand verscharrt.

Über den Dächern von Yazd

Über Dächern schwebt ein Sehnen,
atmen Lichtes Strahlen Kraft,
Lehm und Erd` sprüh`n warme Farben,
schenken süße Abendnacht.

Noch ein Bild zum stets Erinnern
über`m Dach der toten Stadt,
will mich nicht um and`re kümmern,
habe jedes Reden satt.

Will nur atmen diese Töne,
warmer Lichter Farbenspiel,
nicht mehr sehen Trug und Reue,
alle Eitelkeit zu viel.

Im Garten des Windturms

Grüne Gärten grüßen freundlich,
schenken paradiesisch Lust,
lassen unsre Seelen schwelgen
an der Erde Wonne Brust.

Wo die Wüsten ringsum lauern,
hocken wir in feuchter Flur,
gut geschützt durch hohe Mauern
zwingen Menschen die Natur.

Durch den Windturm tobt ein Brausen,
lässt uns staunend kühl zurück,
niemand kann das Glück beschreiben,
das uns hier so sanft entrückt.

Shiraz

Im Paradeisos

Paradiesisch süße Gärten
schenken uns Glückseligkeit,
alles friedlich, voller Gnade,
grünende Zufriedenheit.

Wasser plätschern in den Becken,
wollen uns`re Geister wecken,
von der Trauer ganz befreit,
schenken leichte Heiterkeit.

Schenken Freude ohne Reue,
schenken ewiges Vergeh`n,
lass uns atmen Gartens Bläue,
auch, wenn Dynastien verweh`n.

Nain

Wehmut in Lehm

Wüstenstädte bröckeln dahin,
Trucker gleiten ohne Sinn
an den alten Stätten vorbei,
niemand schert sich – `s ist einerlei.

Vorbei der Glanz der Perserzeit,
des Zarathustras Heiterkeit,
der Palmen freundlich Schattenspiel,
die Landschaft – alles Glück zerfiel.

Zuviel des Mülls und Plastikstoffs,
der schwarzen Straßen grad` und schroff,
unendlich weit und ohne Sinn –
so bröckelt Persien dahin.

Yazd

Turm des Schweigens

Geier kreisen über Mauern,
lauern über`m Rad der Zeit,
fressen unsers Fleisches Reste,
jeder Tote liefert Feste,
doch wir lächeln selig weit.

Längst vergessen alte Riten,
als die Vögel hungrig schrien.
Tausende Touristen stapfen,
wollen Bier und Cola zapfen,
keiner vor dem Gott mehr knien.

Denn wir mögen keine Geier,
die zerfetzen unsern Leib,
halten fest an uns`ren Seelen,
wollen selbst dem Gott befehlen
uns`res Herzens Heiterkeit.

Pasagardae

Versiegte Kanäle

Wasser weist den Weg des Lebens,
unterirdisch sprudelnd Glück,
bringest Freude, Feuchte, Segen,
hast auch meine Seel` entzückt.

Doch versiegt sind die Kanäle,
nirgends sprudelt mehr dein Quell`,
leer und einsam Deine Gräben,
einstmals plätschernd frisch und hell.

Wird in spät`ren, klugen Tagen
wieder rauschen kühler Fluss?
Werden weise Menschen leiten
alter Väter Wasserguss?

Qaleh-e-Dokhtar

Im Lande Zarathustras

Schattige Spitzen ragen hinauf,
sandige Wüsten begrenzen den Lauf
trockener Flüsse, die keiner mehr kennt,
die Zarathustra beim Namen noch nennt.

Plastik pflastert unseren Weg,
der durch die Landschaft launisch geht.
O dass wir doch erahnen könnten,
dass unser Tun wird einstmals enden,
zu Staub zerfällt das ganze Sein,
und nichts mehr bleibt
als heller Schein.

Feuertempel Yazd

Von den sieben heiligen Speisen

Sieben Speisen sollst Du essen,
siegen über Satans Zeit,
siegen über Schlechtigkeiten,
säubern Dich im Feuerkleid.

Siebenmal wirst du geboren,
siebenmal vergehst du auch,
sieben Speisen schenken Leben,
füllen Deinen hungrig Bauch.

Satte Segen spendet freundlich
dann das Licht des Gottes Dir,
und Du wirst zum saub`ren Menschen,
offen steht die heil`ge Tür.

Wüstenberge

Braune Berge blühen bordend
auf der breiten Bahn der Zeit,
lassen meine Seele baden,
bluten in Geborgenheit.

Tausend Tränen sind vergossen,
tränken Wüsten ohne Zahl,
staubig mir das Herz zerrissen
von den Qualen aus dem Tal.

Lasse Deinen Segen fließen
über meine Schmerzen weit,
stumm des Sandes Sprache gießen,
atmen heiße Ewigkeit.

Hidschab

Schwarze Schleier schleichen täglich
finster durch die lichte Welt,
tief verhüllt die eig`ne Schönheit,
niemand sieht, was sonst gefällt.

Weiblichkeit am tiefen Abgrund,
tiefe Scham bedeckt mit Pein,
hitzig glüht das Herz darunter,
niemand darf zum Tor herein.

Alle Pforten sind geschlossen,
Lust und Glück und Zweisamkeit,
Gottes Schönheit bleibt verborgen,
niemand schaut Wahrhaftigkeit.

Weise Weiber

Wackelnd weist der Wüstenwagen
unsern Weg zu neuem Glück,
wähnend wandeln wir mit Wonne,
trunken schau`n wir nicht zurück.

Weite Waben wüsten Sandes
wettern mit dem Wahn der Zeit,
weilen hier nur wenig Stunden,
suchen Welt – Wahrhaftigkeit.

Und wir finden wahre Wunder,
wissen wenig, ahnen nur,
weise Weiber wohnen friedlich,
lachen über Wand`rers Spur.

Wüstenkinder

Staubig weht der heiße Wind
über Wüsten, Wüstenkind.

Wo ist kühle, frische Luft,
wo der Blumen süßer Duft,
wo des Wasser plätschernd Fall?
Alles eitel Rauch und Schall.

Deiner Worte Widerhall
bricht an Felsen, klingt im All,
nur in meinen Ohren kaum –
Wüstenkinder bleiben Traum.

Pasagardae

Am Grab des Kyros

Kyros, Herrscher über alle,
majestätisch thront Dein Grab,
Herrscher kommen Dich zu ehren,
und Du wolltest Weisheit lehren,
dass sie neiden nicht den Sarg.

Auch der große Alexander
stand vor Deinem Monument,
halb vergessen schon die Stätte,
reiste er zu Deinem Bette,
staunte, ob Dein Testament.

Große Herrscher brauchen Größe
auch in Todesseligkeit,
ihre Gräber künden ferne,
weisen irren Menschen Sterne
zu der Götter Heiligkeit.

Wüstenstille

Sandig rauscht die heiße Stille
in mein Herz voll süßer Lust,
tanzende Oasenbäume,
niemand hat vom Klang gewusst.

Heut` kein Laut entrinnt der Kehle,
stille schweigt das drängend Herz,
will verbergen seine Seele
und den drückend, alten Schmerz.

Lieder klingen grau und schaurig
nur in Fetzen durch die Welt,
lassen uns den Gott erahnen,
dem die Stille wohlgefällt.

Persepolis

Persiens Perle Persepolis,
jeder Reise Krönung bist,
stehst erhaben, obwohl zerstört,
müde Dich kein Mensch mehr stört.

Groß Alexander brauste heran,
raubte Schätze, tötete Mann,
brannte die Paläste nieder,
Klageweiber sangen Lieder.

Unter Sand bedeckt Du schliefst
bis des Forschers Stimme rief,
ließest Dich rufen, gabst manches preis,
trotzdem keiner etwas weiß.

Ein großes Fest ward Dir gemacht
und Kön`ge kamen um Deine Pracht
von einstmals wieder ahnen zu können,
noch heute Fetzen an Zelten hängen.

Die Sonne brennt über Deinem Plateau,
wir stehen und staunen im Irgendwo,
und suchen Schatten hinter dicken Mauern –
sie werden noch and`res überdauern.

Iranische „Handwaschbecken“

Tiefes Loch voll dunkler Öde,
stinkst so düster vor Dich hin,
müssen Dich so oft benutzen,
wollen uns`ren Körper putzen,
doch Du schreckst uns – kein Gewinn.

Müssen unsere Kleider lüften,
uns`re Säfte schenken Dir,
doch der Frauen eitle Gabe
verlangt nach mehr als Loches Grabe,
wünschet Sauberkeit und Zier.

Nachtgestein

Schwarze Steine schweigen schwer,
schwingen schwülstig schattenleer,
schauen schaurig, schonungslos,
schneiden Schneisen – Schmerzensstoß.

Schone schöner Schauer mich,
schaue in mein Angesicht,
schließ` mir dann die Augen zu,
schön vergangen –
Schattenruh.